La Constitución
y la
Carta de Derechos

Roben Alarcon, M. A. Ed.

Índice

Documentos importantes

La Constitución de Estados Unidos se escribió para explicar cómo funciona el país. El gobierno tiene tres partes. Cada parte tiene una función diferente pero la misma cantidad de poder. Esto protege a las personas del país. Las personas se sienten seguras de que ninguna parte del gobierno puede dominar sobre otra.

La Carta de Derechos se agregó a la Constitución. Estas adiciones de la Constitución protegen las libertades personales. Ambos **documentos** se escribieron hace más de 200 años y todavía hacen que los estadounidenses sean libres.

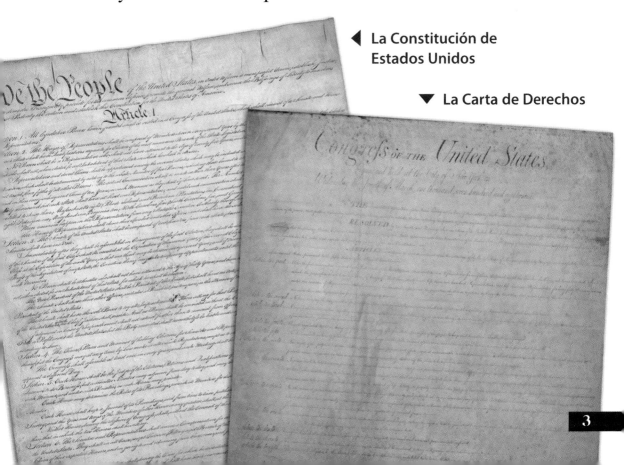

◀ La Constitución de Estados Unidos

▼ La Carta de Derechos

Un mejor sistema

Todos los grupos de personas necesitan organización para poder trabajar. Después de la guerra de la Revolución estadounidense, el **Congreso Continental** escribió el primer sistema de reglas de Estados Unidos. Estas reglas se llamaron Artículos de la Confederación. Estas reglas no daban a nadie suficiente poder para hacer lo que era necesario. El nuevo país tenía muchos problemas.

Los **representantes** de distintas colonias se reunieron para volver a escribir el documento. Cuando terminaron, habían hecho tantos cambios que tuvo un nombre nuevo. Se llamó la Constitución de Estados Unidos de América.

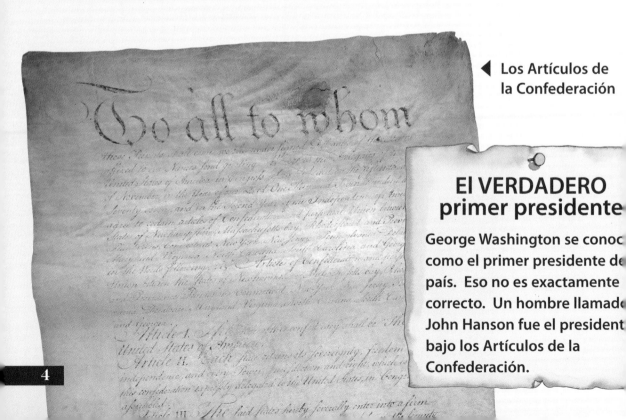

◀ Los Artículos de la Confederación

El VERDADERO primer presidente

George Washington se conoc como el primer presidente de país. Eso no es exactamente correcto. Un hombre llamad John Hanson fue el president bajo los Artículos de la Confederación.

Algunas personas se quejaron de los cambios **propuestos**. Tres hombres importantes decidieron escribir cartas a los periódicos de Nueva York. En las cartas, explicaban por qué la nueva Constitución era una buena forma de gobierno. Las cartas, llamadas "Los Documentos Federalistas", marcaron la diferencia. Uno a uno, los estados comenzaron a **ratificar** la Constitución.

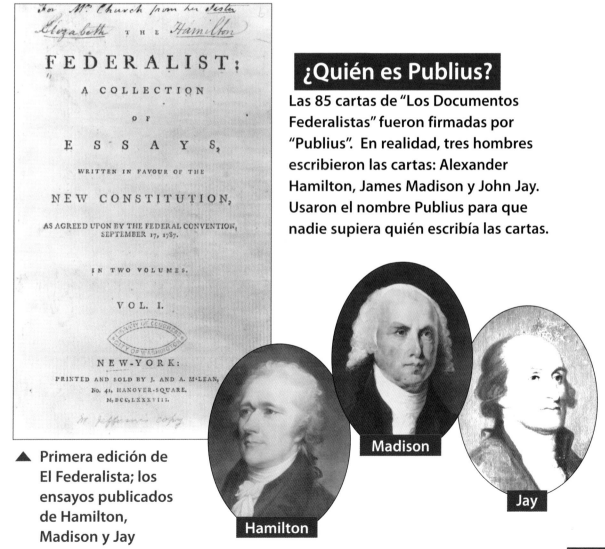

¿Quién es Publius?

Las 85 cartas de "Los Documentos Federalistas" fueron firmadas por "Publius". En realidad, tres hombres escribieron las cartas: Alexander Hamilton, James Madison y John Jay. Usaron el nombre Publius para que nadie supiera quién escribía las cartas.

Madison

Jay

Hamilton

▲ Primera edición de El Federalista; los ensayos publicados de Hamilton, Madison y Jay

Casa Blanca
Rama ejecutiva

Edificio del
Capitolio de EE. UU.
Rama legislativa

Edificio de la
Corte Suprema
Rama Judicial

▲ Las tres ramas
del gobierno

Tres partes iguales

Los redactores de la Constitución pensaron que el gobierno debería dividirse en tres partes: legislativa, ejecutiva y judicial. La **rama legislativa** crea leyes nuevas. La **rama ejecutiva** se asegura de que se cumplan las leyes. La **rama judicial** resuelve disputas sobre las leyes. Las tres ramas son necesarias para que exista un buen sistema.

¿La rama más débil?

Algunas personas consideraban que la rama judicial era la más débil. Esto cambió después del caso de la Corte Suprema de Marbury contra Madison. La Corte Suprema dijo al presidente que la rama ejecutiva había actuado en contra de la Constitución. Fue la primera vez que la Corte Suprema se enfrentó a otra rama del gobierno.

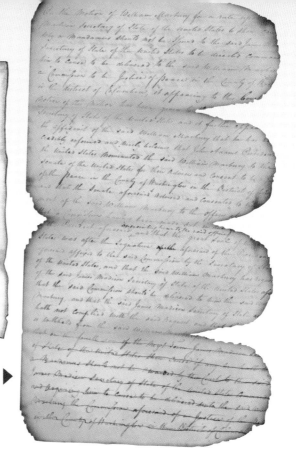

Orden de la Corte Suprema ▶ entregada al secretario de estado James Madison

Los nuevos estadounidenses temían que una rama se volviera muy poderosa. En el pasado, el rey de Gran Bretaña había usado el poder de manera perjudicial en contra de ellos. No querían que eso sucediera otra vez.

Para asegurarse de que ninguna persona pudiera tener tanto poder, los redactores de la Constitución crearon un sistema llamado "controles y contrapesos". Cada rama tiene su propia función. A la vez, cada rama debe vigilar a las otras dos ramas. Por ejemplo, el presidente **nomina** a los jueces de la Corte Suprema. El Senado luego vota para decir si está o no de acuerdo con la elección. Esta es una manera en que las ramas se "vigilan" entre sí.

Nosotros, el pueblo

Las primeras 52 palabras de la Constitución se llaman el **Preámbulo**. Estas palabras explican por qué se escribió la Constitución. El Preámbulo comienza con "Nosotros, el pueblo de Estados Unidos ...".

Los estadounidenses querían una "unión más perfecta". Eso significa que los estados tendrían que actuar como un equipo para que el país pudiera ser grande. Los Artículos de la Confederación no ayudaron a que los estados trabajaran muy bien en conjunto.

Los colonos estaban enfurecidos con la forma en que el rey Jorge III los había tratado. Les parecía que era injusto. Cuando crearon el nuevo gobierno, los colonos querían "establecer justicia". Esto significa que querían asegurarse de que las leyes fueran justas para todas las personas de Estados Unidos.

Palabras populares

Las palabras del Preámbulo son muy bien conocidas. Puedes comprar camisetas, afiches, jarros y todo tipo de otros artículos divertidos que tengan impreso "Nosotros, el pueblo".

▼ El Preámbulo de la Constitución

Los estadounidenses querían "tranquilidad interior", que significa paz en sus tierras. Pensaban que el gobierno debía proteger a las personas de daños brindándoles seguridad contra todo enemigo.

El Preámbulo finaliza diciendo, "... y garantizar para nosotros mismos y para nuestra **posteridad** los beneficios de la libertad". Los estadounidenses escribieron la Constitución para poder ser libres para siempre.

El primer estado

Delaware fue el primer estado en ratificar la Constitución. El representante de Delaware entregó los documentos cinco días antes que el segundo estado, Pensilvania. Delaware se enorgullece de este logro.

▲ Firma de la Constitución de Estados Unidos en 1787

▲ El edificio del Capitolio alberga la rama legislativa.

Elegidos para redactar leyes

La rama legislativa crea las leyes del país. Dos grupos de personas trabajan juntos para hacerlo. La Cámara de Representantes y el Senado forman el **Congreso**.

Durante la Convención Constitucional, las personas estaban en desacuerdo sobre la cantidad de representantes que debía tener cada estado en el Congreso. Los habitantes de Virginia creían que los estados más grandes debían tener más personas en el Congreso. Otros pensaban que cada estado debía tener la misma cantidad de representantes. No creían que la **población** importara. Entonces, ambos lados **transigieron** y formaron la Cámara y el Senado.

Cada estado tiene dos senadores. Por ese motivo, cada estado está representado equitativamente cuando se crean leyes en el Senado.

En la Cámara de Representantes, la cantidad de representantes de cada estado depende de cuántas personas vivan allí. Los estados más grandes tienen más miembros en la Cámara.

¿Cuánto tiempo?

...trom Thurmond sirvió en ...l Senado de EE. UU. por ...ás tiempo que ninguna ...tra persona. ¡Fue senador ...urante 47 años!

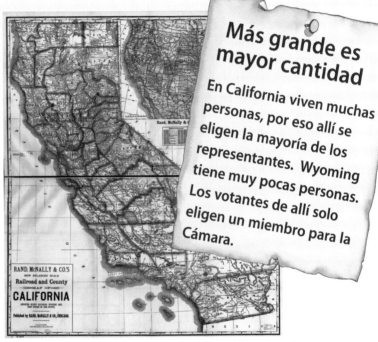

Más grande es mayor cantidad

En California viven muchas personas, por eso allí se eligen la mayoría de los representantes. Wyoming tiene muy pocas personas. Los votantes de allí solo eligen un miembro para la Cámara.

▲ Mapa de California, el estado con mayor población

La biblioteca más grande del mundo

Será mejor que de verdad te guste leer si visitas la Biblioteca del Congreso. Tiene alrededor de 530 millas (853 km) de estantes de libros.

◀ Interior del edificio de la Biblioteca del Congreso en Washington D. C.

11

Deberes adicionales

Las personas del Congreso no solo crean leyes. También tienen otras responsabilidades. Realizan cambios en la moneda de la nación. También toman decisiones sobre el ejército.

Una importante función del Congreso es "supervisar" al presidente. Cuando el Congreso aprueba un proyecto de ley, el presidente lo puede rechazar o **vetar**. Eso no significa que el proyecto de ley es automáticamente desestimado. Cada proyecto de ley vetado tiene una segunda oportunidad. El Congreso puede **anular** un veto. El proyecto de ley se convierte en ley si dos tercios del Congreso votan a favor del proyecto de ley nuevamente. Esta es una manera en la que funcionan los controles y contrapesos.

▲ Aquí se muestra el Senado durante el juicio político de Andrew Johnson.

Andrew Johnson

El Congreso también puede **someter a juicio político** a un presidente. Si el Congreso considera que un presidente ha hecho algo incorrecto, puede llevarlo a juicio. Los senadores deciden si el presidente es culpable o no. Si creen que es culpable, ya no puede continuar siendo presidente.

Richard Nixon

Ley de poderes de guerra

En 1973, el Congreso quería una nueva ley llamada ley de poderes de guerra. Esta ley obligaría al presidente a hablar con el Congreso antes de enviar estadounidenses a la guerra. El presidente Richard Nixon vetó este proyecto de ley. Creía que el presidente debería poder tomar estas decisiones solo. El Congreso votó por la anulación de este veto y se convirtió en ley.

Juicios políticos a presidentes

Solo se ha sometido a juicio político a dos presidentes: Andrew Johnson y Bill Clinton. A ambos los juzgó el Senado y los encontró inocentes. El presidente Richard Nixon pensó que iban a someterlo a un juicio político. Renunció y no tuvo que ir a juicio.

Bill Clinton

▲ El presidente Washington y su gabinete

Comandante en jefe

La rama ejecutiva se asegura de que las leyes se obedezcan, o hace cumplir las leyes. El presidente es el jefe de esta rama. Cuenta con un grupo de personas que lo ayudan llamado **gabinete**.

El vicepresidente es uno de los miembros del gabinete. Deb estar listo para hacerse cargo si le ocurre algo al presidente.

Cada uno de los miembros del gabinete tiene una función importante. Una persona se encarga del sistema educativo. Otra persona supervisa las granjas y los cultivos. Una tercera persona se encarga de la protección del país. Hay muchas personas en el gabinete que informan al presidente de lo que sucede en el país.

La Constitución tiene reglas especiales sobre quién puede convertirse en presidente. El **candidato** debe ser mayor de 35 años y haber nacido en Estados Unidos. También debe haber vivido en el país durante 14 años. No ha sucedido aún, pero una mujer también puede ser presidente.

Un estadounidense en su muerte

El cuerpo del presidente Andrew Johnson fue envuelto con la bandera estadounidense cuando fue sepultado. Debajo de su cabeza, como almohada, había una copia de la Constitución.

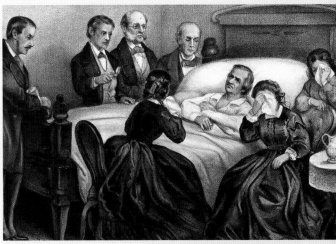

▲ Andrew Johnson en su lecho de muerte

Franklin D. Roosevelt

Vetos de Roosevelt

Franklin D. Roosevelt vetó más proyectos de ley que ningún otro presidente: ¡635 en total! Por otra parte, Thomas Jefferson nunca vetó ningún proyecto de ley durante su mandato.

El sistema judicial nacional

La rama judicial está formada por todos los tribunales del país. Los tribunales tienen la importante función de **interpretar** las leyes. Deciden lo que las leyes significan realmente y cómo se deben usar. Los tribunales también pueden decidir si el Congreso ha aprobado una ley que está en contra de la Constitución. Cuando eso ocurre, la ley se elimina y no vuelve a usarse.

▲ **Edificio de la Corte Suprema de EE. UU. en Washington D. C.**

Salmon P. Chase

Juez en la moneda

Un juez de la Corte Suprema, Salmon P. Chase, figuraba en el dinero. Es el único juez que alguna vez haya aparecido en un billete. Estaba en el billete de $10,000, que ya no se produce.

Los jueces **federales** son elegidos por el presidente. Luego, el Senado debe aprobar a la persona para la función. Cuando un juez federal tiene un puesto, puede mantenerlo durante toda la vida. La única manera en que un juez puede ser despedido es mediante un juicio político. Esto significa que el presidente y el Senado deben ser muy cuidadosos con las personas que eligen.

▼ Este es el diario del Senado que describe el juicio de Pickering.

Primer juez sometido a juicio político

Al igual que un presidente, se puede someter a un juicio político a un juez. El primer juez que fue procesado fue John Pickering en 1804. Se le obligó a renunciar a su trabajo. Algunas personas consideran que fue sometido a juicio político porque tenía ideas extrañas sobre cómo debería ser el gobierno. Otros creen que fue solo porque era un hombre rudo.

THE TRIAL OF JOHN PICKERING,

JUDGE OF THE NEW HAMPSHIRE DISTRICT,

ON A CHARGE EXHIBITED TO

THE SENATE OF THE UNITED STATES,

FOR HIGH CRIMES AND MISDEMEANORS.

IN SENATE OF THE UNITED STATES,

THURSDAY, MARCH 3, 1803.

A message was received from the House of Representatives, by Messrs. Nicholson and Randolph, two of the members of said House, in the words following:
Mr. President: We are commanded, in the name of the House of Representatives of all the people of the United States, to impeach John Pickering, judge of the district court of the district of New Hampshire, of high crimes and misdemeanors; and to acquaint the Senate that the House of Representatives will, in due time, exhibit particular articles of impeachment against him, and make good the same.
We are further commanded to demand that the Senate take order for the appearance of the said John P

▲ Los nueve magistrados de
la Corte Suprema en 1888

La Corte Suprema

El tribunal máximo de Estados Unidos es la Corte
Suprema. Siempre hay nueve **magistrados**, o jueces, en la
Corte Suprema. El presidente de la Corte Suprema es el juez
que está a cargo. Ser elegido como un juez para la Corte
Suprema es un gran honor.

A veces, este tribunal escucha casos nuevos, pero
usualmente los casos ya han pasado por otros tribunales.

Sandra Day O'Connor

Magistrada

Sandra Day O'Connor fue la primera mujer en servir como magistrada de la Corte Suprema de Estados Unidos.

▼ John Jay, primer presidente de la Corte Suprema

¿Toga roja?

Los primeros magistrados de la Corte Suprema vestían togas rojas y negras. En 1800, los magistrados comenzaron a vestirse con las togas negras que usan en la actualidad.

Cuando una persona pierde un caso en el tribunal, esta piensa que no es justo. Entonces, la persona trata de llegar a un tribunal superior para que escuchen el caso. Esto puede ocurrir una y otra vez. El caso puede pasar por muchos niveles del sistema judicial. Finalmente, los casos especiales llegan hasta la Corte Suprema. La decisión de la Corte Suprema es definitiva.

Cambios de la Constitución

Cuando se estaba escribiendo la Constitución, muchos **delegados** estaban preocupados. Querían asegurarse de que el gobierno no tuviera demasiado poder. Seguían pensando en el poder que Gran Bretaña había tenido sobre ellos cuando eran colonos.

Algunos de los delegados se enojaron por el documento final. No se incluían los derechos de las personas. Esto significaba que el gobierno federal podía abusar de su poder.

▲ La Convención Constitucion

James Madison

◀ Madison se llamó el "Padre de la Constitución" porque tomó notas muy detalladas durante la Convención Constitucional.

George Mason

Serio respecto a los derechos

Al principio, George Mason estaba muy entusiasmado con la Constitución. Se enojó cuando se enteró de que no habría una lista de derechos para las personas. Dijo que "prefería cortarse la mano derecha" antes de firmar la Constitución sin una lista de derechos personales.

George Mason de Virginia dijo: "¡No tiene una declaración de derechos!". Mason había escrito una carta de derechos en la Constitución del estado de Virginia. Realmente quería que se incluyera una en la Constitución de Estados Unidos.

Para 1791, se agregó la Carta de Derechos. La Carta de Derechos es la primera de diez **enmiendas**, o cambios, de la Constitución.

Cambios del documento

Durante los últimos 200 años, solo se han agregado otras 17 enmiendas a la Constitución.

La Primera ▶ Enmienda protege el derecho de reunión. Esto permite que las personas realicen marchas, como la Marcha sobre Washington de 1963.

Los derechos de todos

La Carta de Derechos recibió ese nombre porque estas primeras diez enmiendas protegen los derechos de todos los estadounidenses. Estas enmiendas, y otras, ayudan a que las personas sepan que el gobierno no puede dañarlos.

Muchas personas creen que la Primera Enmienda es la más importante. Protege a las personas de diversas maneras. Los estadounidenses pueden tener la religión que deseen. Pueden decir lo que desean sin temor. Los periódicos y las revistas pueden decidir qué historias imprimir. Las personas pueden reunirse y hablar sobre los problemas del país. El gobierno no puede evitar nada de esto.

La Quinta Enmienda protege a las personas que han sido arrestadas. Toda persona acusada tiene derecho a llevar el caso a un tribunal antes de ser considerada culpable. Además, nadie está obligado a hablar en su propio juicio.

La Constitución de Estados Unidos y la Carta de Derechos son documentos poderosos. Cada uno protege a los estadounidenses a su manera. La Constitución se asegura de que ninguna parte del gobierno tenga demasiado poder. La Carta de Derechos da derechos personales a todas las personas. Ambas muestran lo importante que es la libertad para todos los estadounidenses.

Acogerse a la Quinta

La Quinta Enmienda protege a las personas cuando atestiguan en tribunales. Cuando un abogado hace una pregunta, la persona en el estrado puede "acogerse a la quinta". Esto significa que la persona tiene permitido mantenerse en silencio y no responder ninguna pregunta. Es una manera en que las personas pueden protegerse durante un juicio.

Disciplina severa

En 1977, dos estudiantes demandaron a su escuela secundaria. Decían que el director usaba "castigos crueles e inusuales". Ambos niños habían sido azotados muy severamente. Incluso tuvieron que ir a un médico. Los estudiantes sintieron que esto era un abuso a los derechos que aparecen en la Octava Enmienda. La Corte Suprema no estuvo de acuerdo. La Corte dijo que la Octava Enmienda no tenía nada que ver con la disciplina escolar. Fue escrita para proteger a las personas que habían sido arrestadas.

▼ Debido a la Sexta Enmienda, los acusados tienen derecho a un juicio con jurado.

23

Glosario

anular: cancelar una decisión

candidato: una persona que se presenta a una elección

Congreso: el grupo principal de legisladores para el gobierno de Estados Unidos; conformado por dos grupos: la Cámara de Representantes y el Senado

Congreso Continental: reunión de los legisladores de las 13 colonias originales

delegados: personas enviadas a hablar en nombre del grupo

documentos: escritos oficiales

enmiendas: cambios de la Constitución; dos tercios de los estados deben estar de acuerdo

federales: relacionados con el gobierno principal de Estados Unidos

gabinete: personas que dan consejos al presidente sobre cómo gobernar el país

interpretar: determinar el significado

magistrados: jueces de un tribunal

nomina: sugiere a alguien para un puesto

población: la cantidad total de personas que viven en un área

posteridad: generaciones futuras de personas

preámbulo: una introducción

propuestos: sugeridos

rama ejecutiva: parte del gobierno que debe hacer cumplir las leyes

rama judicial: parte del gobierno que decide lo que significan las leyes

rama legislativa: parte del gobierno que crea las leyes

ratificar: aceptar o aprobar oficialmente

representantes: personas enviadas a hablar en nombre de un grupo; también el nombre que se da a las personas que trabajan en la Cámara de Representantes

someter a juicio político: acusar a un funcionario público de hacer algo no debido y procesarlo en un tribunal

transigieron: resolvieron el problema cuando cada grupo concedió algo

vetar: la manera en que un presidente impide que un proyecto de ley se convierta en ley